The Rotterdam Tea Club: Short Stories in Dutch for Beginners

Artici Bilingual Books

Published by Artici Bilingual Books, 2024.

THE ROTTERDAM TEA CLUB: SHORT STORIES IN DUTCH FOR BEGINNERS

First edition. April 13, 2024.

Copyright © 2024 Artici Bilingual Books.

ISBN: 979-8224627103

Written by Artici Bilingual Books.

Table of Contents

Het Gefluister van de Windmolen

In het vlakke land van Nederland, waar de lucht wijd uitstrekte en de velden golfden als golven, stond een eenzame windmolen. Zijn reusachtige wieken draaiden lui, snijdend door de lucht met een zacht gefluister.

Hans, een jonge boer met een hart zo wijd als de velden, verzorgde zijn gewassen in de buurt. Hij droeg versleten overall en een strooien hoed, zijn handen eeltig van jaren van hard werken. Elke ochtend begroette hij de zon met een glimlach en ging hij op pad om voor zijn land te zorgen.

Op een dag, terwijl Hans op het land werkte, zag hij een figuur in de verte naderen. Het was een vrouw, haar jurk wapperend in de wind, met een mandje bloemen. Haar naam was Maria, en ze woonde in een nabijgelegen dorp.

"Goedemorgen, Hans," begroette ze hem met een warme glimlach.

"Goedemorgen, Maria," antwoordde Hans, zijn hoed lichtjes optillend. "Wat brengt jou hier?"

"Ik hoorde over je windmolen," zei Maria, knikkend naar de imposante structuur. "Ik wilde het van dichtbij zien."

Hans glimlachte trots. "Het is al generaties lang in mijn familie. Wil je een rondleiding?"

Maria knikte enthousiast, en samen liepen ze naar de windmolen toe. Hans legde uit hoe het werkte, hoe de wind de wieken deed draaien, die op hun beurt de molenstenen binnenin aandreven. Maria luisterde aandachtig, haar ogen wijd van verwondering.

Terwijl ze de windmolen verkenden, praatten Hans en Maria over hun leven, hun hoop en hun dromen. Hans sprak over zijn liefde voor het land, terwijl Maria haar passie voor schilderen deelde. Ze ontdekten dat ze veel gemeen hadden, ondanks hun verschillende achtergronden.

Terwijl de zon begon te zakken, een gouden gloed over de velden werpend, nodigde Hans Maria uit om te blijven eten. Ze zaten buiten, onder de uitgestrekte avondlucht, verhalen en gelach deelden. En toen de sterren boven hen begonnen te fonkelen, realiseerde Hans zich dat hij iets bijzonders had gevonden in Maria's gezelschap.

Vanaf die dag spendeerden Hans en Maria steeds meer tijd samen. Ze verkenden het platteland, picknickten aan de rivier, en bekeken de zonsondergang vanaf de top van de windmolen. En met elke dag die voorbijging, groeide hun band sterker.

Op een zonnige middag, terwijl ze onder de schaduw van een oude eikenboom zaten, keek Hans met een glinstering in zijn ogen naar Maria. "Maria," zei hij, haar hand nemend, "wil je met me trouwen?"

Tranen van vreugde vulden Maria's ogen terwijl ze enthousiast knikte. "Ja, Hans, ja!"

En zo, op een prachtige lentedag, met de windmolen lui draaiend op de achtergrond, wisselden Hans en Maria geloften uit in een eenvoudige ceremonie omringd door vrienden en familie. Terwijl ze dansten onder de sterren, hun harten vervuld van liefde en geluk, wisten ze dat hun levens altijd met elkaar verbonden zouden zijn, net als de wieken van de windmolen, die samen draaiden in perfecte harmonie.

The Windmill's Whisper

In the flatlands of the Netherlands, where the sky stretched wide and the fields rolled like waves, there stood a solitary windmill. Its giant blades turned lazily, cutting through the air with a soft whisper.

Hans, a young farmer with a heart as wide as the fields, tended to his crops nearby. He wore worn-out overalls and a straw hat, his hands calloused from years of hard work. Every morning, he would greet the sun with a smile and set out to tend to his land.

One day, as Hans worked in the fields, he noticed a figure approaching in the distance. It was a woman, her dress fluttering in the breeze, carrying a basket of flowers. Her name was Maria, and she lived in a nearby village.

"Good morning, Hans," she greeted him with a warm smile.

"Good morning, Maria," Hans replied, tipping his hat. "What brings you out here?"

"I heard about your windmill," Maria said, nodding towards the towering structure. "I wanted to see it up close."

Hans grinned proudly. "It's been in my family for generations. Would you like a tour?"

Maria nodded eagerly, and together they walked towards the windmill. Hans explained how it worked, how the wind turned the blades, which in turn powered the millstones inside. Maria listened intently, her eyes wide with wonder.

As they explored the windmill, Hans and Maria talked about their lives, their hopes, and their dreams. Hans spoke of his love for the land, while Maria shared her passion for painting. They found they had much in common, despite their different backgrounds.

As the sun began to set, casting a golden glow over the fields, Hans invited Maria to stay for dinner. They sat outside, under the vast expanse of the evening sky, sharing stories and laughter. And as the stars began to twinkle overhead, Hans realized that he had found something special in Maria's company.

From that day on, Hans and Maria spent more and more time together. They explored the countryside, picnicked by the river, and watched the sunset from the top of the windmill. And with each passing day, their bond grew stronger.

One sunny afternoon, as they sat beneath the shade of an old oak tree, Hans turned to Maria with a twinkle in his eye.

"Maria," he said, taking her hand in his, "will you marry me?"

Maria's eyes filled with tears of joy as she nodded eagerly. "Yes, Hans, yes!"

And so, on a beautiful spring day, with the windmill turning lazily in the background, Hans and Maria exchanged vows in a simple ceremony surrounded by friends and family. As they danced beneath the stars, their hearts full of love and happiness, they knew that their lives would always be intertwined, just like the blades of the windmill, turning together in perfect harmony.

De Tulpendiefstal

Het Nederlandse platteland lag stil onder de mantel van duisternis, de maan wierp griezelige schaduwen over de vlaktes. In een klein dorpje verscholen tussen de velden verzamelde een groep schimmige figuren zich in het geheim. Ze waren geen gewone dorpelingen, maar bedreven dieven, die hun volgende gedurfde overval beraamden.

Aan het hoofd van de operatie stond Jan van der Berg, een doorgewinterde crimineel met een scherp verstand en een ijzige blik. Hij had het beste team samengesteld dat geld kon kopen: Piet de Slotenmaker, bekend om zijn behendige vingers en stille voetstappen; Kees de Chauffeur, een meester achter het stuur van elke vluchtauto; en Lena de Vervalser, wiens valse documenten ongeëvenaard waren.

Hun doelwit? De wereldberoemde Keukenhof-tuinen, thuisbasis van de meest gegeerde tulpenbollen van heel Nederland. Onder de dekking van de nacht wilden deze dieven de zeldzaamste en meest waardevolle exemplaren stelen, die op de zwarte markt een fortuin waard waren.

Terwijl ze zich door de duisternis naar de tuinen voortbewogen, gaf Jan zijn bevelen met militaire precisie. Piet begon het slot van de tuinpoort te kraken, zijn handen bewogen met geoefende behendigheid. Kees stond klaar, de motor van hun gestolen busje zachtjes ronkend op de achtergrond. Lena controleerde haar vervalste vergunningen keer op keer, ervoor zorgend dat ze onopgemerkt zouden blijven door eventuele nietsvermoedende bewakers.

Met de poort ontgrendeld glipten de dieven als schimmen in de nacht de tuinen binnen. Ze bewogen snel en geruisloos, de blik vermijdend van de beveiligingscamera's die de omtrek bewaakten. Hun doel lag voor hen: de kas waar de meest waardevolle tulpenbollen onder slot en grendel werden gehouden.

In de kas stonden rijen tulpen netjes opgesteld, hun levendige kleuren verlicht door het zachte schijnsel van maanlicht dat door het glazen dak filterde. Jan en zijn team verspilden geen tijd, elk lid kende zijn rol in de minutieus geplande overval.

Piet klaarde de klus snel met het beveiligingssysteem, de alarmen uitschakelend met een polsbeweging. Kees stond op wacht bij de ingang, zijn scherpe ogen de duisternis afspeurend naar tekenen van problemen. Lena benaderde de kluis, haar handen stabiel terwijl ze werkte om het combinatieslot te kraken.

Eindelijk, met een bevredigend geklik, zwaaide de kluisdeur open en onthulde de schat binnenin: rijen tulpenbollen, elk waardevoller dan de vorige. Het hart van Jan bonkte van anticipatie terwijl hij hun buit overzag, wetend welk fortuin het op de zwarte markt zou opleveren.

Maar hun triomf was van korte duur. Toen Jan zijn hand uitstak om hun prijs te claimen, weerklonk er een stem door de duisternis.

"Halt! Wie gaat daar?"

De dieven bevroren, hun bloed verstijfde terwijl ze zich omdraaiden om de bron van de stem te zien. Staand in de deuropening, badend in het felle licht van een zaklamp, stond het hoofd van de beveiliging, een stevige Nederlander met een strenge uitdrukking.

In een oogwenk brak chaos uit. Lena zette het op een lopen naar de deur, haar voetstappen weerkaatsend tegen de muren terwijl ze de nacht in vluchtte. Kees kwam in actie, snelde naar de beveiliger met zijn vuisten zwaaiend. En Jan, een handvol tulpenbollen vastklampend, maakte zich uit de voeten, zijn hart bonzend in zijn borst.

Maar de Nederlander was meedogenloos, zijn schreeuwen galmde over de tuinen terwijl hij achtervolgde. Jan sprintte door de duisternis, zigzaggend tussen de rijen bloemen door, zijn adem ragfijn in zijn borstkas. Hij kon het bonzen van voetstappen achter zich horen, steeds dichterbij komen met elke seconde die verstreek.

Precies toen het leek alsof alles verloren was, zag Jan een glimp van hoop: de open poort die terug naar het dorp leidde. Met een laatste krachtsinspanning rende hij richting de vrijheid, de gestolen tulpenbollen stevig in zijn greep.

Toen hij de veiligheid van het dorp bereikte, zakte Jan tegen een muur, zijn borst hijgend van uitputting. Hij was ternauwernood aan gevangenschap ontsnapt, maar tegen welke prijs? De overval was een succes geweest, maar het had een zware tol geëist.

Terwijl Jan op adem kwam, keek hij naar de tulpenbollen in zijn hand, hun levendige kleuren een scherpe herinnering aan het gevaar dat hij had getrotseerd. En terwijl hij opnieuw in de schaduwen van de nacht verdween, wist hij dat hij niets zou nalaten om zijn onrechtmatig verkregen buit te beschermen.

The Tulip Heist

The Dutch countryside lay silent under the cloak of darkness, the moon casting eerie shadows over the flatlands. In a small village nestled among the fields, a group of shadowy figures gathered in secrecy. They were not ordinary villagers, but skilled thieves, plotting their next daring heist.

At the helm of the operation was Jan van der Berg, a seasoned criminal with a sharp mind and a steely gaze. He had assembled the best team money could buy: Piet the Locksmith, known for his nimble fingers and silent footsteps; Kees the Driver, a master behind the wheel of any getaway car; and Lena the Forger, whose counterfeit documents were second to none.

Their target? The world-famous Keukenhof Gardens, home to the most prized tulip bulbs in all of the Netherlands. Under the cover of night, these thieves aimed to steal the rarest and most valuable specimens, worth a fortune on the black market.

As they crept through the darkness towards the gardens, Jan issued his orders with military precision. Piet set to work picking the lock on the garden gate, his hands moving with practiced ease. Kees stood at the ready, the engine of their stolen van purring softly in the background. Lena checked and rechecked her forged permits, ensuring they would pass unnoticed by any unsuspecting guards.

With the gate unlocked, the thieves slipped inside the gardens like phantoms in the night. They moved swiftly and silently, avoiding the gaze of the security cameras that dotted the perimeter. Their target lay ahead: the greenhouse where the most valuable tulip bulbs were kept under lock and key.

Inside the greenhouse, rows upon rows of tulips stood in neat rows, their vibrant colors illuminated by the soft glow of moonlight filtering through the glass ceiling. Jan and his team wasted no time, each member knowing their role in the meticulously planned heist.

Piet made quick work of the security system, disabling the alarms with a flick of his wrist. Kees stood guard at the entrance, his keen eyes scanning the darkness for any signs of trouble. Lena approached the vault, her hands steady as she worked to crack the combination lock.

Finally, with a satisfying click, the vault door swung open, revealing the treasure within: rows of tulip bulbs, each more valuable than the last. Jan's heart raced with anticipation as he surveyed their haul, knowing the fortune it would fetch on the black market.

But their triumph was short-lived. As Jan reached out to claim their prize, a voice echoed through the darkness.

"Halt! Who goes there?"

The thieves froze, their blood running cold as they turned to face the source of the voice. Standing in the doorway, bathed in the harsh glare of a flashlight, was the head of security, a burly Dutchman with a stern expression.

In a heartbeat, chaos erupted. Lena made a break for the door, her footsteps echoing off the walls as she fled into the night. Kees leaped into action, darting towards the security guard with fists flying. And Jan, clutching a handful of tulip bulbs, made a run for it, his heart pounding in his chest.

But the Dutchman was relentless, his shouts ringing out across the gardens as he gave chase. Jan sprinted through the darkness, ducking and weaving between the rows of flowers, his breath coming in ragged gasps. He could hear the pounding of footsteps behind him, drawing closer with each passing second.

Just when it seemed all was lost, Jan spotted a glimmer of hope: the open gate leading back to the village. With one final burst of speed, he dashed towards freedom, the stolen tulip bulbs clutched tightly in his grasp.

As he reached the safety of the village, Jan collapsed against a wall, his chest heaving with exhaustion. He had narrowly escaped capture, but at what cost? The heist had been a success, but it had come at a heavy price. As Jan caught his breath, he glanced down at the tulip bulbs in his hand, their vibrant colors a stark reminder of the danger he had faced. And as he slipped into the shadows of the night, disappearing into the darkness once more, he knew that he would stop at nothing to protect his ill-gotten gains.

Het Geheim van de Gracht

In een klein Nederlands stadje langs de kronkelende grachten woonde een meisje genaamd Anna. Ze was een rustige ziel, haar dagen gevuld met eenzaamheid terwijl ze over de straten van kinderkopjes zwierf, verloren in haar eigen gedachten. Maar achter haar serene uiterlijk lag een nieuwsgierigheid die fel brandde, een verlangen om de mysteries te ontrafelen die verborgen lagen binnen de oude muren van het stadje.

Op een regenachtige middag, terwijl de wolken zwaar hingen aan de hemel, begaf Anna zich op haar gebruikelijke wandeling langs de gracht. Het water rimpelde zachtjes onder de miezerige regen, glinsterende reflecties werpend van de schilderachtige huizen die de oevers omzoomden. Anna's voetstappen weerklonken tegen het vochtige plaveisel terwijl ze liep, haar geest bruisend van mogelijkheden.

Toen ze een hoek omsloeg, werd Anna's aandacht getrokken door een opmerkelijk zicht: een eenzame figuur die aan de rand van de gracht stond, intens turend in de troebele diepten eronder. Het was een oude man, zijn verweerde gezicht gerimpeld door leeftijd, zijn ogen sprankelend met een zweem van ondeugd.

Nieuwsgierigheid gewekt, benaderde Anna de oude man voorzichtig. "Excuseer me, meneer," zei ze, "waar zoekt u naar?"

De oude man draaide zich om naar haar, een glinstering in zijn ogen. "Ah, jonge dame," zei hij met een glimlach, "ik ben op zoek naar schatten."

Anna's ogen werden groot van verbazing. "Schatten? In de gracht?"

De oude man knikte plechtig. "Ja, verborgen onder het oppervlak van het water ligt een geheim dat verloren is gegaan in de tijd. Een schat die al je wildste dromen overtreft."

Geïntrigeerd door de woorden van de oude man, knielde Anna naast hem neer en tuurde in de troebele diepten van de gracht. Ze kon niets anders zien dan draaiende schaduwen, maar ze voelde de opwinding in haar borst groeien.

"Vertel me meer," drong ze aan, haar stem nauwelijks boven een fluistering.

En zo begon de oude man een verhaal te vertellen zo oud als het stadje zelf, over piraten en smokkelaars, over verloren rijkdom en verboden liefde. Hij sprak over een legendarische schat die was gestolen uit een ver land, verborgen in de diepten van de gracht om het veilig te houden voor nieuwsgierige ogen.

Terwijl Anna luisterde, nam haar verbeelding de vlucht, levendige beelden schilderend van avontuur en intrige. Ze kon bijna de glinstering van goud onder het oppervlak van het water zien, het gefluister van het verleden horen gedragen op de wind.

Vastbesloten om de waarheid te achterhalen, sloot Anna een pact met de oude man: ze zouden samen de gracht doorzoeken, de aanwijzingen volgen die waren achtergelaten door degenen die hen voorgingen. En zo, terwijl de zon onder de horizon dook en het stadje stil werd, begonnen ze aan hun queeste.

Dagenlang zochten ze, elk duim van de gracht doorzoekend met een fijne kam. Ze schepten de modder van de bodem, zeefden door het slib, en volgden de kronkelende wendingen van de waterweg. Maar ondanks hun inspanningen bleef de schat ongrijpbaar, een verleidelijke luchtspiegeling net buiten bereik.

Terwijl frustratie dreigde hen te overmeesteren, weigerden Anna en de oude man de hoop op te geven. Ze gingen door, gedreven door de opwinding van de jacht, de belofte van ontdekking die in de lucht hing als een tastbare kracht.

En toen, op een noodlottige dag, toen de zon zijn gouden stralen op het oppervlak van de gracht wierp, deden ze een ontdekking die hun leven voor altijd zou veranderen. Verborgen onder een warboel van doorweekte takken, diep begraven in het slik en de modder, lag een kleine houten kist, zijn deksel strak verzegeld door de leeftijd.

Met bevende handen openden Anna en de oude man de kist, hun harten bonzend in hun borst. En daar, genesteld in zijn diepten, lag de schat waar ze zo lang naar hadden gezocht: een glinsterende buit van juwelen en goud, schitterend als sterren in het zonlicht.

Tranen vulden Anna's ogen toen ze de kostbare schat aanraakte, haar hart overstroomd van vreugde. Naast haar grijnsde de oude man tevreden, zijn ogen twinkelden van trots.

"We hebben het gehaald, mijn lieve," zei hij, zijn stem trillend van emotie. "We hebben de schat eindelijk gevonden."

En terwijl Anna staarde naar de rijkdom voor haar, wist ze dat hun reis verre van voorbij was.

The Canal's Secret

In a small Dutch town nestled along the winding canals, there lived a girl named Anna. She was a quiet soul, her days filled with solitude as she wandered the cobblestone streets, lost in her own thoughts. But behind her serene exterior lay a curiosity that burned bright, a desire to uncover the mysteries hidden within the town's ancient walls.

One rainy afternoon, as the clouds hung heavy in the sky, Anna set out on her usual stroll along the canal. The water rippled softly beneath the drizzling rain, casting shimmering reflections of the quaint houses that lined its banks. Anna's footsteps echoed against the damp pavement as she walked, her mind alive with possibilities.

As she turned a corner, Anna's attention was drawn to a peculiar sight: a lone figure standing by the edge of the canal, peering intently into the murky depths below. It was an old man, his weathered face creased with age, his eyes sparkling with a hint of mischief.

Curiosity piqued, Anna approached the old man cautiously. "Excuse me, sir," she said, "what are you looking for?"

The old man turned to face her, a twinkle in his eye. "Ah, young one," he said with a smile, "I am searching for treasure."

Anna's eyes widened with wonder. "Treasure? In the canal?"

The old man nodded solemnly. "Aye, hidden beneath the water's surface lies a secret that has been lost to time. A treasure beyond your wildest dreams."

Intrigued by the old man's words, Anna knelt beside him, peering into the murky depths of the canal. She could see nothing but swirling shadows, but she could feel the excitement building in her chest.

"Tell me more," she urged, her voice barely above a whisper.

And so, the old man began to spin a tale as old as the town itself, of pirates and smugglers, of lost riches and forbidden love. He spoke of a legendary treasure that had been stolen from a faraway land, hidden away in the depths of the canal to keep it safe from prying eyes.

As Anna listened, her imagination took flight, painting vivid images of adventure and intrigue. She could almost see the glint of gold beneath the water's surface, hear the whispers of the past carried on the wind.

Determined to uncover the truth, Anna made a pact with the old man: they would search the canal together, following the clues left behind by those who had come before. And so, as the sun dipped below the horizon and the town fell silent, they set out on their quest.

For days they searched, combing every inch of the canal with a fine-toothed comb. They dredged the mud from the bottom, sifted through the silt, and followed the winding twists and turns of the waterway. But despite their efforts, the treasure remained elusive, a tantalizing mirage just out of reach.

As frustration threatened to consume them, Anna and the old man refused to give up hope. They pressed on, driven by the thrill of the hunt, the promise of discovery hanging in the air like a tangible force.

And then, one fateful day, as the sun cast its golden rays upon the canal's surface, they made a discovery that would change their lives forever. Hidden beneath a tangle of waterlogged branches, buried deep within the muck and mire, lay a small wooden chest, its lid sealed tight with age. With trembling hands, Anna and the old man pried open the chest, their hearts pounding in their chests. And there, nestled within its depths, lay the treasure they had sought for so long: a glittering hoard of jewels and gold, sparkling like stars in the sunlight.

Tears filled Anna's eyes as she reached out to touch the precious treasure, her heart overflowing with joy. Beside her, the old man grinned with satisfaction, his eyes twinkling with pride.

"We've done it, my dear," he said, his voice trembling with emotion. "We've found the treasure at last."

And as Anna gazed upon the riches before her, she knew that their journey was far from over.

Het Kaas Mysterie

In het hart van het Nederlandse platteland, verscholen tussen velden van levendige tulpen en kronkelende grachten, lag een schilderachtig dorpje genaamd Gouda. En in het centrum van dit charmante dorp stond een kaaswinkel zoals geen ander, eigendom van een man genaamd Meneer Van der Kaasman.

Meneer Van der Kaasman stond bekend om zijn voortreffelijke kazen, elk ambachtelijk vervaardigd met liefde en zorg, gebruikmakend van alleen de beste ingrediënten. Van romige Gouda tot pittige Edam, zijn kazen waren het gesprek van de stad, waardoor bezoekers van dichtbij en verre werden aangetrokken om hun heerlijke smaken te proeven.

Maar op een noodlottige ochtend sloeg het noodlot toe. Toen Meneer Van der Kaasman bij zijn winkel aankwam om aan zijn dagelijkse werk te beginnen, werd hij begroet door een aanblik die hem met afschuw vervulde: zijn geprezen wiel van gerijpte Gouda, het pronkstuk van zijn collectie, was verdwenen!

Halsoverkop zocht Meneer Van der Kaasman hoog en laag, zijn winkel ondersteboven kerend in een wanhopige poging om de ontbrekende kaas te vinden. Maar hoezeer hij ook zocht, de Gouda was nergens te bekennen.

Ontroostbaar wendde Meneer Van der Kaasman zich tot de dorpsbewoners om hulp. Samen vormden ze een zoekteam, kamden de straten van Gouda uit en ondervroegen iedereen die iets verdachts had gezien. Maar hun inspanningen bleken vruchteloos, en de vermiste kaas bleef een mysterie.

Vastbesloten om de zaak tot op de bodem uit te zoeken, riep Meneer Van der Kaasman de hulp in van zijn trouwe sidekick, een pientere jonge muis genaamd Gouda. Met zijn scherpe reukzin en scherpe verstand was Gouda de perfecte partner voor de klus.

Samen gingen Meneer Van der Kaasman en Gouda op onderzoek uit, een spoor van kruimels en kaaskorsten volgend op zoek naar aanwijzingen. Ze ondervroegen de andere winkeliers in het dorp, inspecteerden de sloten op de deuren en ramen, en doorzochten zelfs de nabijgelegen velden en bossen op zoek naar enig teken van de vermiste Gouda.

Maar naarmate de dagen in weken veranderden, en de weken in maanden, verdiepte het mysterie zich alleen maar. Hoe hard ze ook zochten, Meneer Van der Kaasman en Gouda konden geen spoor van de vermiste kaas vinden.

Precies toen alle hoop verloren leek, kwam er een doorbraak in de vorm van een nieuwsgierige aanwijzing: een enkele, eenzame muizenpootafdruk gevonden nabij de plek waar de Gouda was verdwenen. Zou het kunnen dat de dader een van hun eigen soort was?

Vastbesloten om de zaak voorgoed op te lossen, zetten Meneer Van der Kaasman en Gouda een slimme val, lokten deze met een vers wiel van Gouda en wachtten tot de dief zou toeslaan.

En inderdaad, zoals ze hadden gehoopt, werd hun geduld beloond. Onder de dekking van de duisternis sloop een sluwe kleine muis de winkel binnen, aangetrokken door de onweerstaanbare geur van kaas. Maar voordat de dief ervandoor kon gaan met hun prijs, kwamen Meneer Van der Kaasman en Gouda in actie, betrappen ze de schuldige op heterdaad.

Tot hun verbazing bleek de dief niemand minder te zijn dan de eigen neef van Gouda, een ondeugend knaagdier genaamd Edam. Geconfronteerd met overweldigend bewijs, bekende Edam de misdaad, toegevend dat hij was verleid door de heerlijke geur van de gerijpte Gouda en niet kon weerstaan aan de kans om het zelf te proeven.

Maar in plaats van zijn neef te straffen, toonde Gouda hem vriendelijkheid en vergeving, begrijpend dat iedereen fouten maakt. Samen deelden ze een stuk kaas en lachten om het hele voorval, waarmee ze het mysterie van de vermiste Gouda voorgoed achter zich lieten.

Vanaf die dag was de winkel van Meneer Van der Kaasman weer gevuld met gelach en vreugde, terwijl dorpsbewoners van dichtbij en verre zich verzamelden om zijn heerlijke kazen te proeven en het verhaal te horen van het grote kaasmysterie van Gouda. En wat betreft Gouda en Edam, zij bleven de beste vrienden, hun band sterker dan ooit tevoren, verenigd door hun liefde voor kaas en hun gedeelde gevoel voor avontuur.

The Cheese Mystery

In the heart of the Dutch countryside, nestled among fields of vibrant tulips and meandering canals, there lay a quaint village called Gouda. And in the center of this charming village stood a cheese shop unlike any other, owned and operated by a man named Mr. Van der Cheeseman.

Mr. Van der Cheeseman was known far and wide for his exquisite cheeses, each one crafted with love and care using only the finest ingredients. From creamy Gouda to tangy Edam, his cheeses were the talk of the town, drawing visitors from near and far to sample their delicious flavors.

But one fateful morning, disaster struck. When Mr. Van der Cheeseman arrived at his shop to begin his day's work, he was greeted by a sight that filled him with horror: his prized wheel of aged Gouda, the centerpiece of his collection, was missing!

Frantically, Mr. Van der Cheeseman searched high and low, turning his shop upside down in a desperate attempt to find the missing cheese. But no matter where he looked, the Gouda was nowhere to be found.

Distraught, Mr. Van der Cheeseman turned to the villagers for help. Together, they formed a search party, combing the streets of Gouda and questioning anyone who might have seen something suspicious. But their efforts proved fruitless, and the missing cheese remained a mystery.

Determined to get to the bottom of the case, Mr. Van der Cheeseman enlisted the help of his trusty sidekick, a plucky young mouse named Gouda. With his keen sense of smell and sharp wit, Gouda was the perfect partner for the job.

Together, Mr. Van der Cheeseman and Gouda set out on their investigation, following a trail of crumbs and cheese rinds in search of clues. They questioned the other shopkeepers in the village, inspected the locks on the doors and windows, and even searched the nearby fields and forests for any sign of the missing Gouda.

But as the days turned into weeks, and the weeks turned into months, the mystery only deepened. No matter how hard they looked, Mr. Van der Cheeseman and Gouda could find no trace of the missing cheese.

Just when all hope seemed lost, a breakthrough came in the form of a curious clue: a single, solitary mouse footprint found near the spot where the Gouda had vanished. Could it be that the culprit was one of their own kind?

Determined to crack the case once and for all, Mr. Van der Cheeseman and Gouda set a clever trap, baiting it with a fresh wheel of Gouda and lying in wait for the thief to strike.

And sure enough, just as they had hoped, their patience was rewarded. Under cover of darkness, a sneaky little mouse crept into the shop, drawn by the irresistible scent of cheese. But before the thief could make off with their prize, Mr. Van der Cheeseman and Gouda sprang into action, catching the culprit red-handed.

To their surprise, the thief turned out to be none other than Gouda's own cousin, a mischievous rodent named Edam. Faced with overwhelming evidence, Edam confessed to the crime, admitting that he had been tempted by the delicious aroma of the aged Gouda and couldn't resist the opportunity to taste it for himself.

But rather than punish his cousin, Gouda showed him kindness and forgiveness, understanding that everyone makes mistakes. Together, they shared a piece of cheese and laughed about the whole ordeal, putting the mystery of the missing Gouda behind them once and for all.

From that day on, Mr. Van der Cheeseman's shop was filled with laughter and joy once more, as villagers from near and far gathered to sample his delicious cheeses and hear the tale of the great cheese mystery of Gouda. And as for Gouda and Edam, they remained the best of friends, their bond stronger than ever before, united by their love of cheese and their shared sense of adventure.

De Fietstocht

In een klein Nederlands dorpje, omgeven door velden vol bloeiende tulpen en kronkelende grachten, woonde een jongen genaamd Koen. Koen was een dromer, zijn hoofd altijd gevuld met gedachten aan avontuur en verkenning. Maar ondanks zijn verlangen naar het onbekende, was hij nog nooit ver van de vertrouwde straten van zijn dorpje verwijderd geweest.

Op een zonnige ochtend, terwijl Koen bij het raam van zijn bescheiden huisje zat en naar de wereld keek die voorbijging, voelde hij iets roeren in zijn ziel. Het was een gevoel dat hij niet helemaal kon beschrijven, een verlangen naar iets meer, iets buiten de grenzen van zijn kleine dorpje.

Met een vastberaden glans in zijn ogen nam Koen een beslissing: hij zou op reis gaan, een reis die hem ver van huis en naar het onbekende zou brengen. En dus, met niets dan een gevoel van avontuur en een betrouwbare fiets aan zijn zijde, begon hij aan zijn queeste.

Terwijl Koen van het dorpje wegtrapte, de wind in zijn rug en de zon op zijn gezicht, voelde hij een gevoel van opwinding over hem heen spoelen. Voor het eerst in zijn leven was hij vrij, vrij om te zwerven waar zijn hart maar wilde, vrij om zijn dromen na te jagen waar ze hem ook maar zouden leiden.

Dagenlang reisde Koen door het Nederlandse platteland, zijn fiets bracht hem over glooiende heuvels en door schilderachtige dorpjes. Onderweg ontmoette hij allerlei mensen, van boeren die voor hun velden zorgden tot ambachtslieden die prachtige houten klompen maakten.

Maar naarmate hij dieper het hart van Nederland in trok, begon Koen een gevoel van ongemak in zijn hart te voelen. De wereld buiten zijn dorpje was uitgestrekt en onvoorspelbaar, gevuld met gevaren die hij zich nooit had kunnen voorstellen.

Op een avond, toen de zon onder de horizon zakte en de lucht een vurige oranje kleur kreeg, bevond Koen zich verloren in de dichte bossen die het platteland omzoomden. De bomen hingen als stille schildwachten boven hem, hun takken reikend naar het vervagende licht.

Angst knaagde aan zijn hart terwijl hij zocht naar een uitweg uit de donker wordende bossen, zijn gedachten racend met gedachten over welke gevaren er in de schaduwen op de loer lagen.

Precies toen alle hoop verloren leek, zag Koen een flakkerend licht in de verte, dat hem naar veiligheid lonkte. Met hernieuwde vastberadenheid drong hij voorwaarts, zijn benen woest pompend terwijl hij met al zijn kracht naar het licht fietste.

En toen, eindelijk, brak Koen door de bomen en kwam hij in een open plek terecht, waar hij oog in oog stond met een eenvoudig huisje dat tussen de bomen was genesteld. Het licht dat hem door de duisternis had geleid, straalde uit de ramen en wierp een warme gloed over het omliggende bos.

Met een zucht van opluchting steeg Koen af van zijn fiets en liep naar het huisje toe, zijn hart bonzend in zijn borst. Hij klopte voorzichtig op de deur, onzeker van wat hij aan de andere kant kon verwachten.

Tot zijn verbazing zwaaide de deur open en verscheen er een vriendelijke oude vrouw, haar ogen twinkelden van warmte en gastvrijheid. Zonder een woord te zeggen, nodigde ze Koen naar binnen, bood hem een dampende kom soep aan en een zacht bed bij de haard.

Terwijl Koen bij het vuur zat, genietend van de warmte en het comfort van het huisje, begon de oude vrouw hem een verhaal te vertellen zo oud als de tijd zelf, over een jongen die een reis maakte die veel leek op die van hem, op zoek naar avontuur en ontdekking.

Met elk woord voelde Koen een gevoel van vrede over zich heen komen, alsof het verhaal van de oude vrouw iets diep in zijn ziel had ontsloten. Hij besefte dat de reis die hij was begonnen niet alleen draaide om het verkennen van de wereld om hem heen, maar ook om het ontdekken van de meest ware delen van zichzelf.

En dus, terwijl het vuur vrolijk knetterde in de haard en de sterren boven hem twinkelden, viel Koen in slaap, zijn hart vervuld van dankbaarheid voor de vriendelijkheid van vreemden en de schoonheid van de wereld die voorbij zijn dorpje lag. En toen hij de volgende ochtend ontwaakte, wist hij dat zijn reis nog lang niet voorbij was, maar dat hij elke uitdaging die hem te wachten stond met moed en vastberadenheid zou aangaan, wetende dat de weg die minder bewandeld wordt eindeloze mogelijkheden biedt voor degenen die dapper genoeg zijn om ze te zoeken.

The Bicycle Journey

In a small Dutch village nestled among fields of blooming tulips and winding canals, there lived a young boy named Koen. Koen was a dreamer, his mind always filled with thoughts of adventure and exploration. But despite his longing for the unknown, he had never ventured far from the familiar streets of his village.

One sunny morning, as Koen sat by the window of his modest home, watching the world go by, he felt a stirring in his soul. It was a feeling he couldn't quite describe, a yearning for something more, something beyond the confines of his small village.

With a determined glint in his eye, Koen made a decision: he would embark on a journey, a journey that would take him far from home and into the unknown. And so, with nothing but a sense of adventure and a trusty bicycle by his side, he set out on his quest.

As Koen pedaled away from the village, the wind at his back and the sun on his face, he felt a sense of exhilaration wash over him. For the first time in his life, he was free, free to roam wherever his heart desired, free to chase his dreams wherever they may lead.

For days, Koen traveled across the Dutch countryside, his bicycle carrying him over rolling hills and through quaint villages. Along the way, he encountered all manner of people, from farmers tending to their fields to artisans crafting beautiful wooden shoes.

But as he journeyed deeper into the heart of the Netherlands, Koen began to feel a sense of unease creeping into his heart. The world beyond his village was vast and unpredictable, filled with dangers he had never imagined.

One evening, as the sun dipped below the horizon and the sky turned a fiery shade of orange, Koen found himself lost in the dense forests that bordered the countryside. The trees loomed overhead like silent sentinels, their branches reaching out to grasp at the fading light.

Fear gnawed at his heart as he searched for a way out of the darkening woods, his mind racing with thoughts of what dangers lurked in the shadows.

Just when it seemed all hope was lost, Koen spotted a flickering light in the distance, beckoning him towards safety. With renewed determination, he pushed forward, his legs pumping furiously as he pedaled towards the light with all his might.

And then, at long last, Koen burst through the trees and into a clearing, where he found himself face to face with a humble cottage nestled among the trees. The light that had guided him through the darkness emanated from its windows, casting a warm glow over the surrounding forest.

With a sigh of relief, Koen dismounted his bicycle and approached the cottage, his heart pounding in his chest. He knocked timidly on the door, unsure of what to expect on the other side.

To his surprise, the door swung open to reveal a kindly old woman, her eyes twinkling with warmth and hospitality. Without a word, she ushered Koen inside, offering him a steaming bowl of soup and a soft bed by the hearth.

As Koen sat by the fire, savoring the warmth and comfort of the cottage, the old woman began to tell him a tale as old as time itself, of a young boy who had set out on a journey much like his own, in search of adventure and discovery.

With each word, Koen felt a sense of peace settle over him, as if the old woman's story had unlocked something deep within his soul. He realized that the journey he had embarked upon was not just about exploring the world around him, but about discovering the truest parts of himself.

And so, as the fire crackled merrily in the hearth and the stars twinkled overhead, Koen drifted off to sleep, his heart full of gratitude for the kindness of strangers and the beauty of the world that lay beyond his village. And when he awoke the next morning, he knew that his journey was far from over, but that he would face whatever challenges lay ahead with courage and determination, knowing that the road less traveled held endless possibilities for those brave enough to seek them out.

De Tulpenoorlogen

In het hart van Nederland, waar velden van levendige tulpen zich zo ver uitstrekten als het oog kon zien, lag een klein dorpje genaamd Bloemenstad. Bloemenstad stond in het hele land bekend om zijn adembenemende tulpen, die elk voorjaar in een explosie van kleuren tot bloei kwamen en bezoekers van dichtbij en ver trokken.

In het midden van het dorp stond een groot landhuis, de thuisbasis van de rijkste en machtigste familie van heel Bloemenstad: de Van der Voorts. Generaties lang hadden de Van der Voorts met ijzeren vuist over de tulpenvelden geregeerd, hun immense rijkdom en invloed ongeëvenaard door enige andere familie in het land.

Maar naarmate de jaren verstreken en de tulpenhandel bloeide, begon er een bittere rivaliteit te ontstaan tussen de Van der Voorts en hun buren, de Van den Bergs. De Van den Bergs waren een trotse en ambitieuze familie, vastbesloten om de dominantie van de Van der Voorts uit te dagen en hun rechtmatige plaats te claimen onder de elite van Bloemenstad.

En zo was het podium klaargezet voor een conflict dat de fundamenten van het dorp tot in de kern zou schudden: de Tulpenoorlogen.

De eerste slag van de Tulpenoorlogen begon op een frisse lenteochtend, terwijl de zon opkwam boven de velden van Bloemenstad en een gouden gloed over het landschap wierp. De Van der Voorts en de Van den Bergs stonden tegenover elkaar over de tulpenvelden, hun gezichten getekend door grimmige vastberadenheid terwijl ze zich voorbereidden op de strijd.

De Van der Voorts, onder leiding van de formidabele patriarch, Hendrik Van der Voort, waren bewapend met hun immense fortuin en machtige connecties, terwijl de Van den Bergs, geleid door de vurige jonge nieuwkomer, Martijn Van den Berg, vertrouwden op hun sluwheid en vastberadenheid om de dag te winnen.

Wekenlang botsten de twee families in een bittere strijd om de controle over de tulpenhandel, waarbij elke zijde weigerde toe te geven in het gezicht van tegenspoed. Velden werden vertrapt, bloemen werden vernietigd en de gemoederen liepen hoog op terwijl het conflict escaleerde naar nieuwe hoogten van intensiteit.

Maar terwijl het gevecht voortduurde, kwam er een glimp van hoop aan de horizon: een jong stel van tegenovergestelde kanten van het conflict, Koen Van der Voort en Lise Van den Berg, werden diep verliefd. Hun romance bloeide op te midden van de chaos van oorlog, tartte de grenzen van familieloyaliteit en sociale conventie.

De liefde van Koen en Lise was een baken van licht in de duisternis, inspireerde hoop en eenheid onder de strijdende facties. Terwijl ze hand in hand door de tulpenvelden liepen, oversteeg hun liefde de bitterheid en verdeeldheid die hun families uit elkaar hadden gescheurd, en bood het een glimp van een betere toekomst waar vrede en harmonie hoogtij zouden vieren.

Bewogen door hun voorbeeld riepen Hendrik Van der Voort en Martijn Van den Berg op tot een einde van het bloedvergieten, waarbij ze erkenden dat de ware overwinning niet lag in verovering, maar in verzoening en vergeving. En zo kwam op een prachtige lentedag, met de tulpen in volle bloei en de zon die uit een heldere blauwe hemel scheen, een einde aan de Tulpenoorlogen.

In de jaren die volgden, bloeide Bloemenstad als nooit tevoren, waren zijn tulpenvelden levendiger en mooier dan ooit tevoren. En hoewel de littekens van de Tulpenoorlogen in de herinneringen van zijn bewoners gegrift bleven, dienden ze als een herinnering aan de kracht van liefde om zelfs de diepste verdeeldheid te overwinnen.

Wat Koen en Lise betreft, hun liefde doorstond de beproevingen van het leven, als een testament van de blijvende kracht van de menselijke geest. En terwijl ze hand in hand door de tulpenvelden liepen, hun harten vervuld van dankbaarheid voor de vrede en het geluk dat ze hadden gevonden, wisten ze dat hun liefde voor altijd zou bloeien, net als de tulpen die het land bedekten in een explosie van kleur en schoonheid.

The Tulip Wars

In the heart of the Netherlands, where fields of vibrant tulips stretched as far as the eye could see, there lay a small village called Bloemenstad. Bloemenstad was renowned throughout the land for its breathtaking tulips, which blossomed in a riot of colors each spring, attracting visitors from near and far.

At the center of the village stood a grand mansion, home to the wealthiest and most powerful family in all of Bloemenstad: the Van der Voorts. For generations, the Van der Voorts had ruled over the tulip fields with an iron fist, their vast wealth and influence unmatched by any other family in the land.

But as the years passed and the tulip trade flourished, a bitter rivalry began to brew between the Van der Voorts and their neighbors, the Van den Bergs. The Van den Bergs were a proud and ambitious family, determined to challenge the Van der Voorts' dominance and claim their rightful place among the elite of Bloemenstad.

And so, the stage was set for a conflict that would shake the foundations of the village to its core: the Tulip Wars.

The first battle of the Tulip Wars began on a crisp spring morning, as the sun rose over the fields of Bloemenstad, casting a golden glow over the landscape. The Van der Voorts and the Van den Bergs faced off across the tulip fields, their faces set in grim determination as they prepared to do battle.

The Van der Voorts, led by the formidable patriarch, Hendrik Van der Voort, were armed with their vast fortune and powerful connections, while the Van den Bergs, led by the fiery young upstart, Martijn Van den Berg, relied on their cunning and determination to win the day.

For weeks, the two families clashed in a bitter struggle for control of the tulip trade, each side refusing to back down in the face of adversity. Fields were trampled, flowers were destroyed, and tempers flared as the conflict escalated to new heights of intensity.

But as the fighting raged on, a glimmer of hope emerged on the horizon: a young couple from opposing sides of the conflict, Koen Van der Voort and Lise Van den Berg, fell deeply in love. Their romance blossomed amidst the chaos of war, defying the boundaries of family loyalty and social convention.

Koen and Lise's love was a beacon of light in the darkness, inspiring hope and unity among the warring factions. As they walked hand in hand through the tulip fields, their love transcended the bitterness and division that had torn their families apart, offering a glimpse of a brighter future where peace and harmony reigned supreme.

Moved by their example, Hendrik Van der Voort and Martijn Van den Berg called for an end to the bloodshed, recognizing that the truest victory lay not in conquest, but in reconciliation and forgiveness. And so, on a beautiful spring day, with the tulips in full bloom and the sun shining down from a clear blue sky, the Tulip Wars came to an end.

In the years that followed, Bloemenstad prospered as never before, its tulip fields more vibrant and beautiful than ever. And though the scars of the Tulip Wars remained etched in the memories of its inhabitants, they served as a reminder of the power of love to overcome even the deepest of divisions.

As for Koen and Lise, their love endured through the trials and tribulations of life, a testament to the enduring strength of the human spirit. And as they walked hand in hand through the tulip fields, their hearts filled with gratitude for the peace and happiness they had found, they knew that their love would bloom forever, like the tulips that carpeted the land in a riot of color and beauty.

De Trots van De Molenaar

In een schilderachtig Nederlands dorpje, verscholen tussen glooiende heuvels en serene grachten, stond een majestueuze windmolen bekend als De Trots van De Molenaar. Zijn torenhoge wieken draaiden sierlijk in de wind, lange schaduwen werpend over de omliggende velden van gouden tarwe en levendige tulpen.

In het hart van het dorp woonde een jong meisje genaamd Lise, met ogen zo helder als de zomerlucht en een glimlach die zelfs de donkerste dagen kon verlichten. Lise bracht haar dagen door met het verkennen van het platteland, haar blote voeten dansend door de velden en haar gelach klinkend als muziek in de lucht.

Maar onder haar zorgeloze uiterlijk koesterde Lise een geheim: een diep verlangen om de mysteries te ontrafelen die verborgen lagen binnen de muren van De Trots van De Molenaar. Zolang ze zich kon herinneren, voelde ze zich aangetrokken tot de imposante silhouet van de molen, waarvan de oude stenen geheimen fluisterden van vervlogen dagen.

Op een warme zomerochtend, terwijl de zon opkwam aan de horizon en de lucht kleurde in tinten van roze en goud, besloot Lise om op een reis te gaan om de geheimen van de molen eindelijk te ontsluiten. Met een vastberaden glans in haar ogen en een gevoel van avontuur in haar hart, begaf ze zich richting De Trots van De Molenaar, haar nieuwsgierigheid leidend bij elke stap.

Terwijl ze de molen naderde, werd Lise begroet door het zachte gezoem van de draaiende wieken en de aardse geur van vers gemalen tarwe. Met trillende handen duwde ze de krakende deur open en stapte naar binnen, haar hart bonzend van opwinding.

Het interieur van de molen was zoals Lise nog nooit had gezien: een doolhof van houten balken en tandwielen, verlicht door stralen gouden zonlicht die door de ramen naar binnen stroomden. Stofdeeltjes dansten in de lucht terwijl Lise dieper het hart van de molen in liep, haar zintuigen levendig van verwondering.

Met elke stap voelde Lise zich verder getrokken in de mysteries van De Trots van De Molenaar. Ze streelde langs de ruwe houten muren, de ingewikkelde gravures en symbolen volgend die in het oude hout waren geëtst. Ze luisterde aandachtig naar het ritmische gekraak van de machines, alsof ze met haar spraken in een taal die alleen zij kon begrijpen.

Terwijl ze de molen verkende, struikelde Lise over een verborgen trap die omhoog leidde, naar de top van de imposante structuur. Met een gevoel van angst en opwinding begon ze te klimmen, haar hart bonzend in haar borst bij elke stap.

Uiteindelijk bereikte ze de top van de molen, waar een adembenemend panorama op haar wachtte. Vanaf dit uitkijkpunt kon ze mijlenver in elke richting kijken: de glooiende tarwe- en tulpenvelden, het glinsterende water van de gracht, en het verre silhouet van het dorpje verscholen tussen de heuvels.

Maar het was niet het uitzicht dat Lise's aandacht trok, maar eerder wat verborgen lag onder de vloerplanken van de zolder van de molen. Met trillende handen trok ze een losse plank omhoog en keek naar binnen, haar ogen wijd van verbazing bij wat ze vond.

In de verborgen compartiment waren rijen oude perkamentrollen verstopt, hun vergeelde pagina's gevuld met vervaagde inkt en delicate illustraties. Lise's hart bonkte terwijl ze de rollen een voor een ontvouwde, haar vingers trilden van opwinding.

Tot haar verbazing bevatten de rollen de geheimen

van De Trots van De Molenaar: oude recepten voor brood en gebak, gedetailleerde kaarten van het omliggende landschap, en zelfs schetsen van de molen zelf, getekend door de handen van generaties uit het verleden.

Terwijl Lise de rollen bestudeerde, voelde ze een gevoel van verbondenheid met de mensen die haar voorgingen, wier levens verweven waren met het rijke tapijt van geschiedenis dat De Trots van De Molenaar omringde. Ze stelde zich de handen voor die ooit de molenstenen hadden gedraaid, de stemmen die door de gangen hadden weerklonken, en de dromen die onder zijn draaiende wieken waren opgestegen.

Met een hernieuwd gevoel van doel, zwoer Lise om het erfgoed van De Trots van De Molenaar voor de komende generaties te behouden. Ze rolde de perkamentrollen voorzichtig op en stopte ze onder haar arm, hun gewicht een constante herinnering aan de geheimen die ze had ontrafeld en de verantwoordelijkheid die ze nu droeg.

En terwijl ze afdaalde van de zolder van de molen en weer naar buiten trad in de warme omhelzing van de zomerzon, wist Lise dat haar reis verre van voorbij was. Want ze had de mysteries van De Trots van De Molenaar ontsluierd, maar het ware avontuur lag in het delen van zijn geheimen met de wereld en ervoor zorgen dat zijn nalatenschap eeuwenlang zou voortleven.

De Molenaar's Pride

In a quaint Dutch village nestled among rolling hills and serene canals, there stood a majestic windmill known as De Molenaar's Pride. Its towering blades spun gracefully in the breeze, casting long shadows across the surrounding fields of golden wheat and vibrant tulips.

At the heart of the village lived a young girl named Lise, with eyes as bright as the summer sky and a smile that could light up even the darkest of days. Lise spent her days exploring the countryside, her bare feet dancing through the fields and her laughter ringing out like music in the air.

But beneath her carefree exterior, Lise harbored a secret: a deep longing to uncover the mysteries that lay hidden within the walls of De Molenaar's Pride. For as long as she could remember, she had been drawn to the windmill's towering silhouette, its ancient stones whispering secrets of bygone days.

One warm summer morning, as the sun rose over the horizon and painted the sky in hues of pink and gold, Lise decided to embark on a journey to unlock the secrets of the windmill once and for all. With a determined glint in her eye and a sense of adventure in her heart, she set out towards De Molenaar's Pride, her curiosity guiding her every step.

As she approached the windmill, Lise was greeted by the gentle hum of its spinning blades and the earthy scent of freshly ground wheat. With trembling hands, she pushed open the creaking door and stepped inside, her heart pounding with excitement.

The interior of the windmill was like nothing Lise had ever seen before: a labyrinth of wooden beams and cogs, illuminated by shafts of golden sunlight streaming through the windows. Dust motes danced in the air as Lise made her way deeper into the heart of the windmill, her senses alive with wonder.

With each step, Lise felt herself drawn further into the mysteries of De Molenaar's Pride. She ran her fingers along the rough-hewn walls, tracing the intricate carvings and symbols etched into the ancient wood. She listened intently to the rhythmic creaking of the machinery, as if it were speaking to her in a language only she could understand.

As she explored the windmill, Lise stumbled upon a hidden staircase leading upwards, towards the very top of the towering structure. With a sense of trepidation and excitement, she began to climb, her heart pounding in her chest with each step.

At last, she reached the top of the windmill, where a breathtaking panorama awaited her. From this vantage point, she could see for miles in every direction: the rolling fields of wheat and tulips, the sparkling waters of the canal, and the distant silhouette of the village nestled among the hills.

But it was not the view that captured Lise's attention, but rather what lay hidden beneath the floorboards of the windmill's loft. With trembling hands, she pried up a loose board and peered inside, her eyes widening with wonder at what she found.

Nestled within the hidden compartment were rows upon rows of old parchment scrolls, their yellowed pages filled with faded ink and delicate illustrations. Lise's heart raced as she unfurled the scrolls one by one, her fingers trembling with anticipation.

To her amazement, the scrolls contained the secrets of De Molenaar's Pride: ancient recipes for bread and pastries, detailed maps of the surrounding countryside, and even sketches of the windmill itself, drawn by the hands of generations past.

As Lise poured over the scrolls, she felt a sense of connection to the people who had come before her, their lives intertwined with the rich tapestry of history that surrounded De Molenaar's Pride. She imagined the hands that had once turned the millstones, the voices that had echoed through its halls, and the dreams that had taken flight beneath its spinning blades.

With a newfound sense of purpose, Lise vowed to preserve the legacy of De Molenaar's Pride for generations to come. She carefully rolled up the scrolls and tucked them beneath her arm, their weight a constant reminder of the secrets she had uncovered and the responsibility she now bore.

And as she descended from the windmill's loft and stepped back out into the warm embrace of the summer sun, Lise knew that her journey was far from over. For she had unlocked the mysteries of De Molenaar's Pride, but the true adventure lay in sharing its secrets with the world and ensuring that its legacy lived on for centuries to come.

De Tulpdetective

In een schilderachtig Nederlands stadje genaamd Kleinbloem, verscholen tussen velden van kleurrijke tulpen en kronkelende grachten, woonde een man genaamd Pieter De Vries. Pieter was een zachtaardige ziel met een scherp oog voor detail en een passie voor het oplossen van mysteries.

Pieters kleine kantoor bevond zich in het hart van Kleinbloem, met ramen die uitkeken op het levendige stadsplein. Achter zijn rommelige bureau runde Pieter zijn eigen detectivebureau, gespecialiseerd in zaken groot en klein, van vermiste huisdieren tot gestolen fietsen.

Op een zonnige ochtend, terwijl Pieter zijn ochtendkoffie dronk en bewonderend naar de bloeiende tulpen buiten zijn raam keek, stormde een jonge vrouw opgewonden zijn kantoor binnen. Ze stelde zichzelf voor als Anna Van der Linde en legde uit dat haar kostbare tulpenbollen 's nachts uit de tuin van haar familie waren verdwenen.

Pieter luisterde aandachtig terwijl Anna de details van de diefstal vertelde, haar ogen wijd van bezorgdheid. De familie Van der Linde was zich aan het voorbereiden op het jaarlijkse tulpfestival, waar ze hun zeldzame en prachtige bloemen aan bezoekers van heinde en verre wilden laten zien. Zonder de gestolen bollen waren hun dromen om de felbegeerde prijs voor de beste tulpententoonstelling te winnen vervlogen.

Vastbesloten om Anna en haar familie te helpen, schoot Pieter in actie, deed zijn vertrouwde tweedpet op en pakte zijn vergrootglas. Hij ging op onderzoek uit op de plaats delict, waarbij hij de tuin zorgvuldig onderzocht op aanwijzingen die hem naar de dader zouden kunnen leiden.

Terwijl Pieter de tuin doorzocht, merkte hij een reeks vage voetafdrukken op die wegleidden van de bloembedden waar de tulpenbollen eens bloeiden. Met een gevoel van vastberadenheid volgde hij het spoor, zijn hart bonzend in zijn borst bij elke stap.

De voetafdrukken leidden Pieter naar de rand van de stad, waar ze verdwenen in het dichte gebladerte van het nabijgelegen bos. Ongestoord ging Pieter verder, zijn zintuigen alert op tekenen van de aanwezigheid van de dief.

Na urenlang zoeken stuitte Pieter op een open plek diep in het bos, waar hij een provisorisch kamp ontdekte dat verborgen lag tussen de bomen. Naast een knapperend vuur zat een eenzame figuur, gebogen over een stapel gestolen tulpenbollen.

Met een triomfantelijke kreet confronteerde Pieter de dief, die niemand minder bleek te zijn dan Otto Van Houten, een rivaliserende tulpenteler die wrok koesterde tegen de familie Van der Linde.

Op heterdaad betrapt, bekende Otto de diefstal, toegevend dat hij de tulpenbollen had gestolen in een misplaatste poging om de kansen van zijn concurrenten op het tulpfestival te saboteren. Maar terwijl Pieter naar Otto's verhaal luisterde, kon hij niet anders dan een steek van sympathie voelen voor de wanhopige man voor hem.

In plaats van Otto aan te geven bij de autoriteiten, bood Pieter hem een kans op verlossing. Hij overtuigde Otto om de gestolen tulpenbollen terug te geven aan de familie Van der Linde en zich te verontschuldigen voor zijn daden, en beloofde hem te helpen een meer eerlijke manier te vinden om deel te nemen aan het tulpfestival.

Dankbaar voor de kans om het goed te maken, stemde Otto in met Pieters voorwaarden en vergezelde hem terug naar Kleinbloem, waar ze met open armen werden ontvangen door Anna en haar familie.

Met de gestolen tulpenbollen veilig terug bij hun rechtmatige eigenaars kon de familie Van der Linde hun plannen voor het tulpfestival voortzetten, hun tentoonstelling nog mooier dan ooit dankzij de toevoeging van de zeldzame bloemen.

Wat Pieter betreft, hij keerde terug naar zijn kantoor op het stadsplein, waar hij zijn werk als de meest geliefde detective van Kleinbloem hervatte. En hoewel zijn dagen gevuld waren met zaken zowel vreemd als alledaags, vergat hij nooit de dag dat hij de zaak van de gestolen tulpenbollen oploste en vrede en harmonie terugbracht in zijn geliefde stad.

The Tulip Detective

In a picturesque Dutch town named Kleinbloem, nestled amidst fields of colorful tulips and meandering canals, there lived a man named Pieter De Vries. Pieter was a gentle soul with a keen eye for detail and a passion for solving mysteries.

Pieter's small office sat at the heart of Kleinbloem, its windows overlooking the bustling town square. From behind his cluttered desk, Pieter ran his own detective agency, specializing in cases both big and small, from lost pets to stolen bicycles.

One sunny morning, as Pieter sat sipping his morning coffee and admiring the tulips blooming outside his window, a young woman burst into his office in a flurry of excitement. She introduced herself as Anna Van der Linde and explained that her prized tulip bulbs had gone missing from her family's garden overnight.

Pieter listened intently as Anna recounted the details of the theft, her eyes wide with concern. The Van der Linde family had been preparing for the annual tulip festival, where they planned to showcase their rare and beautiful blooms to visitors from far and wide. Without the stolen bulbs, their dreams of winning the coveted prize for the best tulip display were dashed.

Determined to help Anna and her family, Pieter sprang into action, donning his trusty tweed cap and grabbing his magnifying glass. He set out to investigate the scene of the crime, carefully examining the garden for any clues that might lead him to the culprit.

As Pieter searched the garden, he noticed a series of faint footprints leading away from the flowerbed where the tulip bulbs had once bloomed. With a sense of determination, he followed the trail, his heart pounding in his chest with each step.

The footprints led Pieter to the edge of town, where they disappeared into the dense foliage of the nearby forest. Undeterred, Pieter pressed on, his senses alert for any signs of the thief's presence.

After hours of searching, Pieter stumbled upon a clearing deep within the forest, where he found a makeshift campsite hidden among the trees. Beside a crackling fire sat a solitary figure, hunched over a pile of stolen tulip bulbs.

With a triumphant shout, Pieter confronted the thief, who turned out to be none other than Otto Van Houten, a rival tulip grower who harbored a grudge against the Van der Linde family.

Caught red-handed, Otto confessed to the theft, admitting that he had stolen the tulip bulbs in a misguided attempt to sabotage his competitors' chances at the tulip festival. But as Pieter listened to Otto's story, he couldn't help but feel a pang of sympathy for the desperate man before him.

Rather than turning Otto over to the authorities, Pieter offered him a chance at redemption. He convinced Otto to return the stolen tulip bulbs to the Van der Linde family and apologize for his actions, promising to help him find a more honorable way to compete in the tulip festival.

Grateful for the opportunity to make amends, Otto agreed to Pieter's terms and accompanied him back to Kleinbloem, where they were greeted with open arms by Anna and her family.

With the stolen tulip bulbs returned safely to their rightful owners, the Van der Linde family was able to proceed with their plans for the tulip festival, their display more beautiful than ever thanks to the addition of the rare blooms.

As for Pieter, he returned to his office in the town square, where he resumed his work as Kleinbloem's most beloved detective. And though his days were filled with cases both strange and ordinary, he never forgot the day he solved the case of the stolen tulip bulbs and helped bring peace and harmony to his beloved town once more.

De Theeclub van Rotterdam

In de bruisende stad Rotterdam, waar torenhoge wolkenkrabbers naar de hemel reikten en de straten gonsten van het leven, bestond een schilderachtige kleine theeclub verborgen in een rustig hoekje van de stad. De Theeclub van Rotterdam was een oase van rust te midden van de chaos van het stadsleven, het knusse interieur versierd met delicate theepotten, comfortabele fauteuils en planken vol met potten met geurige losse thee.

Aan het roer van de Theeclub van Rotterdam stond mevrouw Johanna van der Berg, een gracieuze en elegante vrouw met een passie voor thee en een hart zo warm als de stomende kopjes die ze serveerde. Mevrouw Van der Berg had de theeclub vele jaren geleden geërfd van haar grootmoeder en had haar leven gewijd aan het behoud van haar tradities en het verwelkomen van nieuwe leden.

Op een zonnige middag, toen de klok drie uur sloeg en de geur van vers gezette thee zich verspreidde, verzamelden de leden van de Theeclub van Rotterdam zich voor hun wekelijkse bijeenkomst. Elke lid bracht een unieke mix van verhalen en ervaringen met zich mee, verenigd door hun liefde voor thee en kameraadschap.

Er was de heer Hendrik van der Linden, een gepensioneerde kapitein met een twinkeling in zijn ogen en een verhaal voor elke gelegenheid. En mevrouw Cornelia Bakker, een goedhartige weduwe die troost vond in de eenvoudige geneugten van thee en vriendschap. En dan was er de jonge Timotheus de Vries, een beginnend dichter met dromen om op een dag zijn woorden in druk te zien.

Terwijl de leden zich in hun stoelen nestelden en zichzelf kopjes schonken van de beste Earl Grey van mevrouw Van der Berg, wisselden ze begroetingen uit en haalden ze het laatste nieuws en roddels op uit de stad. Maar te midden van het gelach en gepraat hing er een gevoel van ongemak, want de Theeclub van Rotterdam stond voor een crisis zoals ze nog nooit eerder had meegemaakt.

Zie je, het gebouw waarin de Theeclub van Rotterdam gevestigd was, had dringend reparaties nodig; het dak lekte en de muren verkruimelden door ouderdom. Zonder voldoende financiering liep de club het risico te moeten sluiten, waardoor de leden zonder een plek zouden komen te zitten om hun liefde voor thee te delen.

Vastbesloten om hun geliefde theeclub te redden, begaven mevrouw Van der Berg en haar medeleden zich op een missie om de benodigde fondsen te werven. Ze organiseerden bakverkopen en liefdadigheidsveilingen, hosten thee proeverijen en poëzielezingen, en riepen zelfs de hulp in van lokale bedrijven en gemeenschapsleiders in hun streven om de Theeclub van Rotterdam voor de komende generaties te behouden.

Maar ondanks hun beste inspanningen waren de fondsen die ze ophaalden niet genoeg om de kosten van de reparaties te dekken. Met elke dag die voorbijging, werd de dreiging van sluiting groter, waardoor een schaduw viel over de eens zo levendige theeclub en haar leden.

Precies toen alle hoop verloren leek, scheen er een straal licht op de Theeclub van Rotterdam in de vorm van een gulle weldoener: de heer Pieter de Jong, een welvarend zakenman met een diepe waardering voor kunst en een liefde voor thee.

Ontroerd door de situatie van de club, bood de heer de Jong aan de reparaties aan het gebouw te financieren en ervoor te zorgen dat de Theeclub van Rotterdam zou blijven floreren. Zijn vrijgevigheid bracht tranen van vreugde in de ogen van mevrouw Van der Berg en haar medeleden, die hem met open armen verwelkomden en met een hart vol dankbaarheid.

Met de noodzakelijke reparaties onderweg heropende de Theeclub van Rotterdam al snel haar deuren voor het publiek, het interieur mooier en uitnodigender dan ooit tevoren. De leden keerden terug naar hun wekelijkse bijeenkomsten met hernieuwde enthousiasme, hun band sterker dan ooit dankzij de tegenspoed die ze samen hadden overwonnen.

En zo diende de Theeclub van Rotterdam als een baken van warmte en vriendschap in het hart van de bruisende stad, haar deuren open voor allen die toevlucht zochten uit de chaos van het stadsleven en een kopje thee om hun ziel te kalmeren. En terwijl mevrouw Van der Berg de vergaderingen voorzat met een glimlach op haar gezicht en een twinkeling in haar ogen, wist ze dat de geest van de Theeclub van Rotterdam voor altijd zou voortleven, een getuigenis van de kracht van gemeenschap en de eenvoudige vreugden van het delen van een kopje thee met vrienden.

The Rotterdam Tea Club

In the bustling city of Rotterdam, where towering skyscrapers reached for the clouds and the streets buzzed with the hum of life, there existed a quaint little tea club tucked away in a quiet corner of the city. The Rotterdam Tea Club was a haven of tranquility amidst the chaos of urban life, its cozy interior adorned with delicate teapots, plush armchairs, and shelves lined with jars of fragrant loose-leaf tea.

At the helm of the Rotterdam Tea Club was Mrs. Johanna van der Berg, a gracious and elegant woman with a passion for tea and a heart as warm as the steaming cups she served. Mrs. Van der Berg had inherited the tea club from her grandmother many years ago and had devoted her life to preserving its traditions and welcoming new members into its fold.

One sunny afternoon, as the clock struck three and the aroma of freshly brewed tea filled the air, the members of the Rotterdam Tea Club gathered for their weekly meeting. Each member brought with them a unique blend of stories and experiences, united by their love of tea and camaraderie.

There was Mr. Hendrik van der Linden, a retired sea captain with a twinkle in his eye and a tale for every occasion. And Mrs. Cornelia Bakker, a kind-hearted widow who found solace in the simple pleasures of tea and friendship. And then there was young Timotheus de Vries, a budding poet with dreams of one day seeing his words in print.

As the members settled into their seats and poured themselves cups of Mrs. Van der Berg's finest Earl Grey, they exchanged greetings and caught up on the latest news and gossip from around the city. But amidst the laughter and chatter, there lingered a sense of unease, for the Rotterdam Tea Club was facing a crisis unlike any it had encountered before.

You see, the building that housed the Rotterdam Tea Club was in need of urgent repairs, its roof leaking and its walls crumbling with age. Without proper funding, the club faced the prospect of closure, leaving its members without a place to gather and share their love of tea.

Determined to save their beloved tea club, Mrs. Van der Berg and her fellow members set out on a mission to raise the necessary funds. They organized bake sales and charity auctions, hosted tea tastings and poetry readings, and even enlisted the help of local businesses and community leaders in their quest to preserve the Rotterdam Tea Club for generations to come.

But despite their best efforts, the funds they raised were not enough to cover the cost of repairs. With each passing day, the threat of closure loomed larger, casting a shadow over the once-vibrant tea club and its members.

Just when all hope seemed lost, a ray of light shone down upon the Rotterdam Tea Club in the form of a generous benefactor: Mr. Pieter de Jong, a wealthy businessman with a deep appreciation for the arts and a love of tea.

Moved by the club's plight, Mr. de Jong offered to fund the repairs to the building and ensure that the Rotterdam Tea Club would continue to thrive for years to come. His generosity brought tears of joy to the eyes of Mrs. Van der Berg and her fellow members, who welcomed him into their midst with open arms and hearts full of gratitude.

With the necessary repairs underway, the Rotterdam Tea Club soon reopened its doors to the public, its interior more beautiful and inviting than ever before. The members returned to their weekly meetings with renewed enthusiasm, their bond stronger than ever thanks to the adversity they had overcome together.

And so, the Rotterdam Tea Club continued to serve as a beacon of warmth and friendship in the heart of the bustling city, its doors open to all who sought refuge from the chaos of urban life and a cup of tea to soothe their souls. And as Mrs. Van der Berg presided over the meetings with a smile on her face and a twinkle in her eye, she knew that the spirit of the Rotterdam Tea Club would live on forever, a testament to the power of community and the simple joys of sharing a cup of tea with friends.

Een Nacht in Amsterdam

In het hart van Amsterdam, waar de grachten glinsterden in het maanlicht en de straten pulseren met het ritme van het leven, woonde een jonge man genaamd Johan. Johan was een dromer, zijn geest gevuld met visioenen van avontuur en opwinding, en hij spendeerde zijn dagen wandelend door de kronkelende straten van de stad op zoek naar inspiratie.

Op een warme zomeravond, terwijl de zon onder de horizon zakte en de stad tot leven kwam met het gezoem van het nachtleven, voelde Johan zich aangetrokken tot de levendige energie van de Amsterdamse straten. Met een gevoel van anticipatie tintelend in zijn aderen, begon hij aan een reis naar het hart van de nacht, zijn zintuigen levend met de belofte van avontuur.

Terwijl Johan door de straten van Amsterdam zwierf, ontmoette hij een kleurrijke cast van personages: kunstenaars die schilderden op straathoeken, muzikanten die voorbijgangers serenadeerden met de melodieuze klanken van hun instrumenten, en geliefden in gepassioneerde omhelzing onder de knipperende straatverlichting.

Maar te midden van de drukte van de stad werd de aandacht van Johan getrokken naar een donker steegje verborgen voor de hoofdstraat. Intrigerend door de mysterieuze sfeer die het omringde, waagde hij zich in de steeg, zijn voetstappen weergalmend tegen het kasseienpaviljoen.

Aan het einde van de steeg stond een kleine, onopvallende deur, waarvan de verf afbladderde en de scharnieren kraakten van ouderdom. Zonder aarzeling duwde Johan de deur open en stapte naar binnen, zijn hart bonzend van opwinding bij de gedachte aan wat er verder lag.

Tot zijn verbazing bevond Johan zich in een gezellige jazzclub, de muren versierd met foto's van jazzlegendes en het podium badend in het warme licht van een enkele schijnwerper. De lucht was dik van de zoete geur van tabaksrook en de zielvolle klanken van een saxofoon die door de lucht zweefde.

Terwijl Johan neerstreek in een hoekje van de bar en een glas whisky bestelde bij de barman, voelde hij een gevoel van verbondenheid over hem heen komen. Omringd door de bedwelmende melodieën van de jazzband en het gelach van de clubleden, wist hij dat hij iets werkelijk speciaals had ontdekt.

Naarmate de nacht vorderde en de uren wegsmolten, raakte Johan verloren in de muziek, zijn zorgen en angsten verdwenen met elke noot die de lucht vulde. Hij danste met vreemden, lachte met vrienden en verloor zichzelf in de magie van het moment, elke seconde van de vluchtige schoonheid van de nacht koesterend.

Maar toen het eerste licht van de dageraad begon door te dringen door de ramen van de club, wist Johan dat zijn tijd in Amsterdam ten einde liep. Met een bezwaard hart nam hij afscheid van de jazzclub en de vrienden die hij daar had gemaakt, wetende dat hij de herinneringen aan die nacht voor altijd bij zich zou dragen.

Terwijl hij uit de steeg tevoorschijn kwam en de vroege ochtendlicht inliep, voelde Johan een hernieuwd gevoel van doelgerichtheid door zijn aderen stromen. Hij had iets werkelijk magisch ervaren in het hart van Amsterdam, en hij wist dat hij de geest van de stad met zich mee zou dragen, waar zijn avonturen hem ook zouden leiden.

En terwijl hij verdween in de drukke straten van Amsterdam, zijn gedachten al gericht op het volgende hoofdstuk van zijn reis, kon Johan niet anders dan glimlachen bij de gedachte aan de talloze avonturen die hem te wachten stonden, wachtend om ontdekt te worden in de magische stad die hij thuis noemde.

A Night in Amsterdam

In the heart of Amsterdam, where the canals shimmered in the moonlight and the streets pulsed with the rhythm of life, there lived a young man named Johan. Johan was a dreamer, his mind filled with visions of adventure and excitement, and he spent his days wandering the city's winding streets in search of inspiration.

One warm summer evening, as the sun dipped below the horizon and the city came alive with the buzz of nightlife, Johan found himself drawn to the vibrant energy of the Amsterdam streets. With a sense of anticipation tingling in his veins, he set out on a journey into the heart of the night, his senses alive with the promise of adventure.

As Johan roamed the streets of Amsterdam, he encountered a colorful cast of characters: artists painting on street corners, musicians serenading passersby with the melodic strains of their instruments, and lovers locked in passionate embrace beneath the flickering streetlights.

But amidst the hustle and bustle of the city, Johan's attention was drawn to a dimly lit alleyway tucked away from the main thoroughfare. Intrigued by the mysterious aura that surrounded it, he ventured into the alley, his footsteps echoing against the cobblestone pavement.

At the end of the alley stood a small, unassuming door, its paint peeling and its hinges creaking with age. Without hesitation, Johan pushed open the door and stepped inside, his heart racing with excitement at the prospect of what lay beyond.

To his surprise, Johan found himself in a cozy little jazz club, its walls adorned with photographs of jazz legends and its stage bathed in the warm glow of a single spotlight. The air was thick with the sweet scent of tobacco smoke and the soulful strains of a saxophone drifting through the air.

As Johan settled into a corner booth and ordered a glass of whiskey from the bartender, he felt a sense of belonging wash over him. Surrounded by the intoxicating melodies of the jazz band and the laughter of the club's patrons, he knew that he had stumbled upon something truly special.

As the night wore on and the hours slipped away, Johan found himself lost in the music, his cares and worries melting away with each note that filled the air. He danced with strangers, laughed with friends, and lost himself in the magic of the moment, savoring every second of the night's fleeting beauty.

But as the first light of dawn began to filter through the club's windows, Johan knew that his time in Amsterdam was drawing to a close. With a heavy heart, he bid farewell to the jazz club and the friends he had made there, knowing that he would carry the memories of that night with him forever.

As he emerged from the alleyway and stepped out into the early morning light, Johan felt a renewed sense of purpose coursing through his veins. He had experienced something truly magical in the heart of Amsterdam, and he knew that he would carry the spirit of the city with him wherever his adventures took him next.

And as he disappeared into the bustling streets of Amsterdam, his mind already turning towards the next chapter of his journey, Johan couldn't help but smile at the thought of the countless adventures that lay ahead, waiting to be discovered in the magical city he called home.